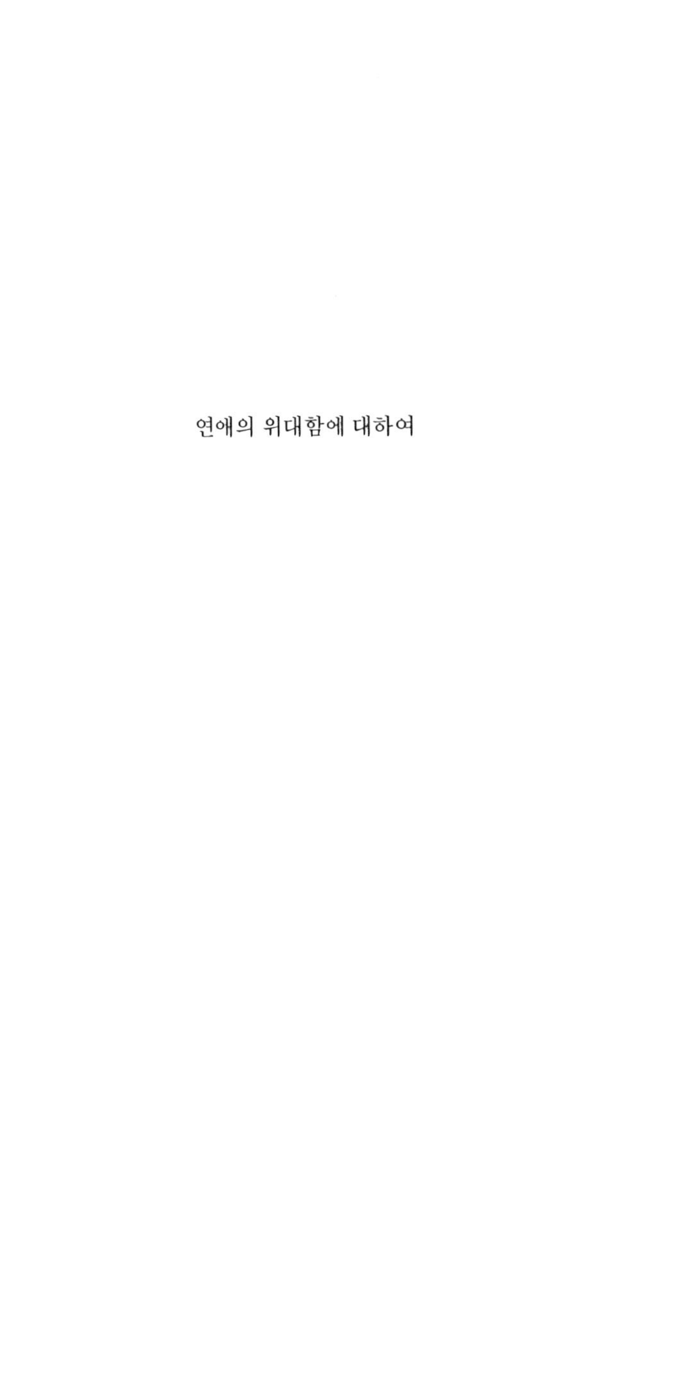

연애의 위대함에 대하여

시와반시 기획시인선 002

# 연애의 위대함에 대하여

안정옥 시집

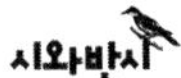

| 차 례 |

## 삼나무 반지

죽은 나의 BC 4800년 전의 일이 불현듯 BC 4800년 전의 일을 벽찰 정도로 내게 묻네요 부엉이 몇 번 울면 와서 내 것으로 서 있겠다고 상형문자로 써내린, 왕에게 하듯 내 이름에 동그라미 둘러주었어요 떠났다가 다시 오는 걸음에도 동그라미 있듯 평생 동안 돌아올 수 없어도 다시 그 자리에 서게 되는, 하루와 평생은 맞물린, 불멸과 허무 사이에 우리가 오래 짧았음을, 사랑과 부엉이 울음 위에 잠든다는 말은 동의어, 내 주위와 그의 주위를 섞어 쓰던 시절 삼나무 반지 구하러 몇 겹의 숲으로 떠나기 전 심장과 연결된 나의 네 번째 손가락 비워두라 했어요

# 꽃다운

오늘 문득 생각했지요
몇 년 전에 나는 어디서 무엇을 하고 있었던가를
그때가 꽃다운 나날이었는데 혀를 차다가
몇 년 후에 혀를 차고 있을 지금을 헤아리면
지금은 분명 꽃다운 날이겠지요
그렇게 생각하면 사는 나날이 꽃다운데 그것도 모르고
내게서 이미 가버렸다고 믿고는
어려서 누군가 꽃다웁다고 하면 흘려버리고
이제 꽃다웁다고 말해 주지 않는데 불현듯 나는
꽃 지는 이 가을에
꽃같이 아름답고 꽃 같은 향기에 빠져
거처가 없는 힘센 사랑 쑥쑥 자라더니
더는 들어서지 못해
제 몸을 밀치며 제 몸을 밀치며
이 떨림을 달래려
꽃 지는 가을 공원으로 갔지요

몸이 잠겨 실눈을 뜨고 햇살을 마주하니
피곤이 몰려와
몸을 뒤틀면 두두둑 타게지는 소리, 그렇지요
좋을 때는 짧아서 가을해도 짧고 공원은 텅 비고
그렇게 사라져가는 것들을 그리워하며
나날이 새로웠는데
나날이 꽃다웠는데 듣지 못하고 보지 못하고 나는
꽃 지는 가을에 불현듯 귀를 세우고
오늘 이 쓸쓸한 사랑을
오래오래 묵혔다가 내게 어떻게 다시 찾아오는지
기다리지요

## 웃는 산

알 수 없다 누가 이처럼 극적으로 비틀어놓았나
맞은편의 줄기들 아무렇게나 늘어선 것은 아니다
잔뜩 굽어 길게 띠 모양으로 이어졌다
어떤 힘이 그걸 갖는가 땅의 가장자리에 치우쳐져 있는
저, 저, 배부름 그 아래부터 사람들은 산다 습하면
거기에서 내려오는 젖, 뿌연 젖이 마을 외길을 헤치며
집 주위를 더듬는다 그 빛에 곧잘 취해 자기 밭에서
길을 잃는다 그러면 일을 멈추고 산을 올려다본다
재빠른 고양이 울음 남기며 사라지는 그 길 따라
나무들이 입을 벌린다 부풀은 마을, 다시 내려다보는
알 수 없는 산, 고요에 날마다 살이 붙는다
날마다 내려오는 포만, 그런 겨울 가고 여름 가고
겨울 훌쩍 가버리는 동안 마을에 순한 사람,

썩은 나무처럼 쓰러진다 한 번도 산과 어쩌지 못하고
살아서의 마을을 한 바퀴 돌아 그 산으로 들어간다
산의 하복부에 그의 썩은 몸이 디밀어지자 산이
흐물흐물 거렸다 흐흐흐흐

# 한 사람

아까부터 두리번거리며 누구를 기다린다
구두 끝으로 땅을 쿡쿡 찍더니 주저앉는다
두 다리를 세워 얼굴을 묻고 해는 슬금슬금
도망치는데 할 수 없이 땅은 제 속의 온기로
그를 데워주고 있다

## 나는 독을 가졌네

복숭아꽃 피면 독이 퍼져 내 가까이 아무도 오지 않네
충동을 억제하지 못해 단 한 번 강으로 가서 사랑을 하고
바다로 돌아왔네 따스한 봄날, 사랑은 그것으로 끝나 나는
다시 강에 나가지 못했네 다시는 사랑을 보지 못했네
복사꽃 바람 따스한 강물 그런 것만 남아 있네
그후 나는 변했네 낯선 이를 보면 비명을 지르며
배가 부풀어지고 날마다 화를 키우며 자라네
사람을 죽이는 마음 내 몸 속에서 커가네
그 사람 그것을 알게 되면 봄을 외면하고
변변히 사랑을 모르던 그 사람 죽여서 풀섶에 뻣뻣해지면
모래로 사랑 덮어버리고 아무도 모르게
눈물 한 자루 뽑고는 시치미 떼며 바다로 돌아갈

것이네
내 몸에 그런 황복黃蝠있었네 이제 서서히 전멸되어 가는
강의 하구를 막아 길마저 없어진 나는 저 두터운
둑을 넘지 못하네

## 상사화

상사들이 뭉쳐 있네 그런 상사 몇 뿌리
잘라왔네 무슨 꽃이든 첫해는 머뭇대네
땅은 차가운 눈빛을 가졌지
뿌리들이 죽을힘을 다해 땅 속 멀리까지
잔물결 치네 푸른 잎들을 지키지 못해
그 자리에 제 혀를 심네 뒤잉킴이 있었네
한참 후에 무자비한 장마 막간에 그를 향해
돌출하는 수십 개의 꽃대인 나를 보네
오랫동안 상사한 담홍색의 내 혀들
꽃과 잎이 등져 서로 바라볼 수 없는
피폐한 읍邑에서 나의 몫은 살아 있는 것뿐
상사는 블랙홀인 것을, 중력이 무한대인
빛도 빠져 나올 수 없어 통신도 전혀 안 되네
그곳에서 나는 밝으며 작은 흰색 별 되어
끝을 맺으려하네

## 연애의 위대함에 대하여

연애가 기이한 목덜미 갖고 있다는 거
함축되고 기교 잔뜩 붙여 읽기 까탈스럽다는 거
알기는 했었지요 바라볼 세상이 알아내야 할 것들로
더 넓게 가기도 한다는,
그 모든 것을 합한 연애의 총칭
이 종합적인 예술을 누가 칭했을까요
누가 그쪽으로 세게 밀었다고 생각하세요
푸르고 촘촘한 환상으로 감긴 회오리의 거미줄이
어디엔들 또 걸려 있겠어요

연애에 대해 어떻게 대처해야 하는지
그걸 가르쳐줄 물질이 내 몸 어디에도 입력된 적 없어
갈팡대는, 그도 다른 물질에 속해 있어 맞히기 어렵겠지요
그걸 녹여줄 만한 물질이 없으니

흘러넘칠 수 있는 물길만 내 안에 남겠지요 눈물
콧물 터지기를 기다리는 이 범벅을 감당할 수 있는가
그걸 느끼기 위해선 내 눈물을 퍼부어줘야 한다는 것을

이 까탈스럼을 억제하다보면 불쑥 해서는 안 될 말
튀어나와 기어이 기폭제가 되는, 퍽
퍽 뇌 속이 산산조각 터지면서 헤어지게 되는
결정적인 계기가 되지요 그건 숨이 빠져나가는 소리
숨막힘에서 푸 하고 내쉰다는 말
안하면 숨을 막는다는 뜻이니까
연애의 실패는 그것이 좌우하지요
숨을 막느냐 쉬느냐 그래도 한 번에 죽는 것 보다 살아서
조금씩 죽어가는 게 그나마 기억하기 낫지 않겠

어요
얼마나 오래 폭식을 하여야만
이 고픔에서 벗어날 수 있겠어요
이 짐은 어디로 가고 있나요

그로 해서 무너진 사람
어느 길목의 무덤으로 서 있을 나무로 남겠지요
그 아래 떨어진 낙엽들이 무수하게 눈물 맺혀 있
듯
부스스 오랜만에 거리로 나왔어요 거리에선
연애의 실패를 눈물 콧물로 만든 온갖 가수들이
목을 내놓아 부르네요 그것만이 아니네요
불멸의 시인들이 눈물 콧물로 쓴 詩들이
이렇게도 많이 내 발걸음에 걸리는 줄 몰랐어요
뒤의 아픔들을 이렇게라도 달래주고 있네요
엎드려 밟고 지나가라고 몸을 디밀어주네요
콘크리트 바닥이 흔들흔들 겨울인데도 넘실넘실

나를 들어 올려주었다 가볍게 내려주네요 몰랐어요

온 세상 그 안에서 출렁거리고 있었다는 걸

나, 그 안에서 태어났다는 것도

정말 생각 못했어요

## 다시 잡을 수 없는

내 손이 두 번 가고 열 번 갔다면 그 사람과의 아침은 빛났을까 잡을 수 없기에 쓰라림은 내 뿌리의 성장점으로 왔으니 손은 늦추고 빼고, 슬픈 것과 아름다운 것도 알아차린다 그러나 빛나던 사람은 흘긋 조차 오지 않는다 그렇게 만든 사람의 손에 달려 있었기에 나는 당신의 손에 달려 있으니까

# 젊은 그대

많은 남자 중에 당신은 내게 반사되고
나는 당신에게 반사되어
달착지근한 상상 버려두고 우리는 끝났다고 했지
끝남이 살아서 오늘 그대는, 젊은 그대는 검은 코트를 입고
나를 보내거나 대학로의 주점에서 인생은 어쩌고저쩌고
인생은 이십 년 지난 지금도 어쩌고저쩌고 아닌데
대학로를 쫓기듯 걷다 젊은 남자와 부딪치면 나는
나의 두근거림은 발자국이 되어
젊은 그대가 되어서 가까이 오고
나는 천천히 걸으며 그가 가까이 오길 기다리고 있다
더욱 천천히 가면서 더욱 천천히 가면서 돌아본다
내게 안겨드는 건 차가운 바람, 차가운 겨울바람
그러면 나는 돌아서서
이십 년 뒤에 선 나를 흔들어 깨우며

내가 언제 인생을 알 것인지

다시 한 번 지금도 인생은 어쩌고저쩌고 일거야 하며

이십 년 앞서가고 있다

그러면 젊은 그대는, 검은 코트를 입고 이십 년 뒤에서

나를 바라보고 있다

## 전혀 다른 도시

매일 들러야 되는 곳, 가끔 들러야 되는 곳
아주 드물게 들러도 되는 곳, 사이에 낀
무엇처럼 그곳이 그곳인 삼탄을 건너
갑자기, 떠밀리어 낯선 도시의 변두리에서
오지 않는 차를 기다린다
가볍게, 조금은 낭창거리며 휘둘러보고
우러러보는데 이제껏 들어본 적 없는
맑은 소리로 새들이 말을 만든다
허공에 발을 세우고 갑자기 환해지는
앞과 뒤, 반짝이는 빛들이 찌른다
빛에 갇혀, 우,우, 이런 오후도 있구나
거만巨萬의 새는 무어라 계속 말을 한다
곧 새를 보낼 것이다
차안에서 돌아보니 그 자리는 내내 빛나고 있다
그 정경은 곧 지워질 것이다 그것은 사금이다
깜박, 눈동자 속으로 감출 때까지는, 그곳에
분별력이 있다

## 검은 장갑

헤어지기 섭섭하여 망설이는 나에게 굿바이하며
내미는 손, 잡지 못하고
태평로 버스정류장에서 첫사랑 버리던 날
비겁하게 만원버스에 실려 가며
웃는 별 보고 사랑은 물귀신처럼 하리라
검은 장갑 밤마다 끼고 이별 연습
세월은 내 사랑 허물어 물방울로 남아
사는 일 헝클어질 때 적시어주었네
허구 많은 이별 마음 상한 이별 더더욱 많아
장갑은 낡고 나도 낡아 세상마저 느슨해져
나를 속이고 나도 속았네 아프게 바라보는 이 있어
둘러보니 나는 태평로 버스정류장 낯선 사람들
틈에 끼여 중년의 흐릿한 눈망울 잠시 삭제당한
청춘 떠올리며 아무렇게나 살아온 것이
목이 메여 목이 메여서
골목 한쪽에 검은 장갑 집어던지며
그 자리를 도망쳤네

## 숲의 미래

미래란 여기 지금 이곳이지요 살아 있는 숲을 굳이 옮겨 놓는 건 있었을 뻔했던 일, 오늘의 환상이지요 숲을 흩뜨리는 마음 개의치 말아요 그 숲은 발길 뜸해 들어서기만 해도 나뭇가지들이 손등 할퀴어 내 손 잡아주었어요 그날 스쳐갔던 온갖 종류의 나무들 다시는 볼 수 없을 거예요 우리가 내뿜었던 숨결은 뿌리에 고여 있을 거예요 가파른 중턱에서 막아선 나무도 있었어요 멈춰 날 안았어요 그런 흔한 몸짓은 숲의 권유라고 말할 수도 있어요 그를 나무 아래 남겨두고 조팝나무 꽃에 가 있은 건 내 안을 펴려고 툭툭 떨고 있는 것을 숲을 거둔 것보다 더한 강렬함이 내게 며칠 위안을 줄지 모르겠어요 한동안 나무 아래에서 떼어내진 못하겠지요 몇 십 년 지나 한 번쯤 들르겠지요 사는 게 스산할 때 죽음이 그 냄새를 조여 오면 가장 먼저 떠오를 장소 그때까지 뜨거웠던 손이 살아 있을지는 모르겠지만 그 나무 아래에서 한참을 머물다 가겠지요

# 구걸

날마다 사랑을 빼앗기고 있다 마르고 닳아
허리 굽어 휴지로 살아갈 망할 세월
해는 어느 쪽에 박혔는지 모든 것 부시시하여
창 밖 자주 보지만 나이 든 사랑 별 볼일 없어
부러지고 말문 막혀
사실 같은 사실 같지 않은 사랑 천지이어도
주워 모으기 어려운 사랑
바람 투성이 거리
차 한 잔의 사랑 밥 한 그릇의 사랑 모여
내 몸의 수액 삼아
나는 오늘 늙지 않고 버티고 있네

## 끼

근사한 남자를 보면 내 나이 아랑곳없이
건드리고 싶어 도무지 내 마음은 믿을 게 못돼
붙들어 매 둘 수가 없어
설렘과 수치의 자궁 치마로 감추고
거리로 나서면 사람들은 근엄해 모두 근엄해
나는 들킬라 더욱 뻣뻣해지저 백수 서너 병으로도
풀어지지 않아 취할수록 흐트러질까 고쳐 앉으며
처량해져 성균관 유생을 생각했네
남자는 세상과 함께 취하고 여자는 단지 혼자
취하네 저물도록 혼자 취하네

## 꽃들과 함께라도

사랑한다는 말을 퍼 나르던 이도 갔다 꽃만 남아 있다
꽃들의 수고에 달아 놓았으리 이런 날은 은나비처럼
방금 핀 꽃 옆에서 나는 살아, 없는 사람과 팔짱을 낀다
누가 내 앞을 지나가면 이 장면을 찰깍, 한 장만 찍어 줘

그것을 종이꽃이라 부르고 싶었다

그 남자를 만나야 된다고 말했다
멍청한 사람, 우리는 밥을 먹고 공옥진의 병신춤을 보았다
그 남자에게 만나고 싶다고 말했다
멍청한 사람, 우리는 스카이라운지에서 핑크레이디를 마셨다
그 남자에게 만나도 된다고 나는 말했다
멍청한 사람, 나는 혼자 앉아 있었다
다음날 나는 그 남자에게 말했다
멍청한 사람, 그도 혼자 앉아 있었다고 말했다
그것이 우리들의 한계였다
잠시 피웠던 꽃, 그것을 나는 종이꽃이라고 부르고 싶었다

따르릉,
연하장을 보낼까 해서 주소가 어디요 지금도 짧은 머리하고
다녀요

## 나비키스

날개는 종잇장처럼 얇다 꽃에 남겨져
나비들이 날면서 내는 욕망을 듣는다
우리는 왜 나비가 되지 않는가
너는 부드러운 양쪽 날개로 내 뺨을
깜박거렸다 분가루 듬뿍 뿌리면서
나의 날개는 한숨 쉬며 네 뺨에 닿는다
몇 번은 날지 못하고 부딪쳤지만
하늘을 가로질러 훨훨, 날 수 있을 것이다
엉겅퀴의 꿀이나 빠는 흰무늬 나비처럼
삶은 자연을 흉내 내는 일 그리하여 생의
한 주기를 완성하면 다시 왕숙천王宿川 되는 것
네 뺨에서 나비가 되는 것은 내가 살아
네가 살아 함께 하는 분할, 나비를 만드네

## 연습하듯

배우처럼 예쁘게 그와 눈 맞추며
살랑 바람처럼 손을 흔든다 잘 가, 잘 가,
그는 내 몸을 걸치고 나는 그를 입고
결국 나는 그를 통째로 물려받았다

## 내 사랑하는 문지기

내 사랑은 백화점의 후문을 지킵니다
양손에 짐을 들고 문을 미는데 누군가 문을
열다가 멈추었습니다 나는 버려져서
한쪽 손에 짐이 우르르 모입니다 그는 문지기
십 년을 깜박했습니다 한 번의 삐끗함으로
이후도 열어주는 문으로 나가지 않고
옆문을 혼자 밀고 갑니다
별 것 아닌 일에도 푸른 가시를 세웁니다
사람들에 밀려 중앙의 문에 발을 디밀었습니다
문을 열어주며 안녕히 가십시오, 속삭이듯
한 말, 그런 줄 알았는데 나는 당신을 잘 알지요
눈물의 꼬리들이 내 혀입니다 돌아섭니다
그는 바릅니다 내가 바라보는 줄도 모릅니다
사람들은 그가 열어주는 문으로 들어섭니다
편하게 그가 열어주는 문으로 가고 싶습니다
겁이 납니다 그가 열어주는, 그곳을 들어가는
사람들, 그 안에 또 무엇이 있을까요

서로 무엇을 주고받는 걸까요 또 다른 생에서
문지기는 주인일 것입니다 문지기였던 손님들과
나, 온화한 주인의 고통을 알 것 같습니다
모든 것은 되풀이됩니다 생이란 건 한 번씩
회전을 해서 내가 주인이 되고 문지기도 된다는 걸
내 사랑, 서글픈 니, 문지기들

## 생각의 나무

그는 점점 커져서 미루나무쯤 되더니 강둑에 와서
무슨 생각을 던져놓고 스쳐 가는 떡갈나무에게
무슨 생각을 더 얹어 놓고 가는 걸까
다시 그 자리를 지나가는 또 다른 이는
무슨 생각을 더 얹어 놓고 가기에 나뭇잎은
저 혼자 무거워 사방으로 흔들리고 있는 건가

# 푸른 식물

진지한 사랑으로 몸을 떠는 푸른 식물이 있었네
그 사람 발소리 들리면 줄기를 들어올리며
팔을 뻗는다네 그 사람 잠깐 멈추었다 곧 간다네
그때마다 푸른 식물은 방향을 바꾸며 줄기를 굽히며
그에게 반응을 전하고 싶었네
푸른 식물의 사랑이 점점 진지해질 때 그는 고개 숙여
꽃을 들여다보네 그 경의는 남보다 오, 오래 피었네
푸른 식물이 시들어 흔적만 남아 적막해도
그는 그곳에서 걸음을 멈추어 주었네
보여줄 것이 없어 푸른 식물은 거칠어지네 하지만
다른 식물보다 더 많은 열망을 간직한 푸른 식물은
남보다 일찍 봄을 깨우네 웬일인지 그는 가까이 오질 않네

다른 사람들의 발소리뿐이네
그러나 오랫동안 오지 않아도 푸른 식물은 그를 더욱
진지하게 사랑하네 다른 도시에 가 있거나
혹은 세상에 없다 하여도
푸른 식물은 그와 유대를 계속하고 있다네

# 자귀나무 아래서

그의 목젖에 걸려 넘어지며 이참에 울고 가자
오래된 이야기 불러
흙냄새와 풀냄새가 잘 어우러졌다 그땐 몰랐지만
자귀나무 붉게 피며 내려다보고 있었다한다
그리고는 한숨 잘 잤는가
늘 자귀나무 그곳에 있었는데 처음처럼 꽃으로 다가가니
어디선가 날아든 흰나비 나무를 뒤흔든다
따가운 여름 해에 꽃들은 아예 눈을 감고
그 아래로 덤벼드는 날것들
가까스로 후, 날려 보낸다
저물녘 입맞춤, 그것이라도 주우려고 염치없이 구부리니
어리석은 짓, 어리석은 짓,
사실은 자귀나무 아래 그저 찌푸리며 핀 꽃을 보려고
꽃이나 보고 가려고 애썼을 뿐인데

## 마지막 남자

팔당대교 전후, 모든 차들이 뒤얽혔습니다 그러면 여섯 번째의 가로등에 한 남자 기대서서 어딘가 맞이합니다 흐르는 강을 동여맬 수는 없었습니다 나는 겨우 몇 번 입을 열었습니다 아무도 감지하지 않는데 나만 형언할 수 없을 만큼입니다 남자는 가로등에 묶여 있습니다 슬픔도 큰 위력이 됩니다 내게 이야기조차 하지 않습니다 마음이 안개를 풀어냅니다 안개는 세상에 구속된 수상한 층운입니다 그가 가로등에 기댈 이유 있었겠지요 거듭 말하지요 내게 소란을 피우지 않는 것, 그것이 당신을 구별할 수 있는 방법이지요 곧 공사하는 도로 한 귀퉁이에서 사람 대신 야광 불빛을 들고 사랑한다고, 사랑한다고, 나에게 신호를 보낼 것입니다

# 그대는 나를 모릅니다

끼어들 수가 없네요 사람에겐 숨을 곳 있다는 건
다행입니다 집은 무너질 것 같을 때 보호해 줍니다
제 몸을 집 속에 넣듯 그 안에서 벗어나는 걸
돕는 이도 집입니다
몇 번이나 무너질 뻔했습니다
그 집 문에 손을 얹으려 했습니다 굽이치는 마
음은
내 집 문을 밀고 남몰래 와서 그 집 문을
덜컹거린 줄은 모를 겁니다 내 눈이 듣습니다
살기 위한 나날 중에서 이 무너짐도
소홀할 수 없었을 것입니다 늙어 다시 끄집어낸
다면
흘깃, 1초와 맞바꾸리라 물었습니다

죽음은 모두에게 따라올 것입니다
부디 그도 나와 같이 따뜻한 힘을 가지고 있는
누군가를 잠시 지닐 수 있었으면,

내 청춘의 가장 길게 여겼던 슬픔은
그러나 고개 숙이면 오래지 않습니다
물고기 잡듯 그물로 한 사람의 무너짐을
그렇게 잡아가던 한 시절을 이젠 용서하려 합니다
그를 사랑해 보지도 않았다면 훗날 나는 어땠을까요

## 사랑에게

내게 갇혀 있는 아득한 사람
그때와 지금은 잠시인데
나는 듣지 못한다
지척에서
보낼 수 없는 수화手話뿐
너와 나
내일은 들판 헤매는
축생이 되어 만날까나

## 고맙습니다

어제 우리는 적과 적이 되었는데
적과 마주한 시간들이 어이없었으며
지난날은 모두 일방적이었지요
적이 이쪽으로 오면 나는 저쪽으로
나는 친구들을 만났고
아무것도 모르는 친구는 떠들어대고
이것저것 물어봐도
나는 헛대답만 하지요
친구의 말도 그치고
나도 멍하니 밖을 바라보고
잘 가라하며 나왔지요
적은 신문을 읽다 힐끗 보았고
나는 세수를 하며 몸을 털어 버렸어요
세상 사람들이 때때로 적이 되는지
우리는 나란히 누워 잠자는 시늉을 해도
잠은 오지 않고 꼴깍,
마른침만 삼켰지요

내가 적보다 세상을 더 뻔뻔하게 살아가므로
적의 어깨를 잡았어요
그와 세상을 버려선 안 될 것 같아 힘주어
안아버렸지요

## 당신의 그 긴 손가락

세차게 비가 퍼부어도 몇 분을 비와 맞닥뜨렸을까
오 분 가까이 내 눈에게 이른 적 없다
이리저리 마음 쓴 일 있었나 그럴 땐 품어 있던
사람의 이름을 나직이 부른다 비에 묻혀갈 것이니까
내 눈의 그런 일탈을 위해 피나무 한 그루 갖는다
길을 잃었을 때 멀리서도 무성한 잎을 찾아낼 수 있게
그래도 내게서 당신과 떨어지게 할 것인가
쌀 속에 섞인 뉘처럼 당신의 그 긴 손가락으로
나를 가려내진 마라

## 미끼論

사랑이 데려온 사로잡힘은 미끼였다
뒤로 가기엔, 다시 시작하기엔 답할 수 없었으니
이곳에 거주하지도 않으면서 누구였나
꽃을 이렇게 번식시키는 추억은

# 종鍾이라는 말뜻은

십만 번쯤 울면 종의 수명은 끝난다고 한다
그렇게 울어 줄 새를 도취로 삼았던가
부엉이나 뻐꾸기나 애잔하게 울어 줄줄 아는 새들은
결코 미색이 아니듯 그걸 들어내지 않을 사랑 역시
펄펄 끓는 쇳물을 녹여 만든 그 몸의 틀이다
그의 혀는 아픔을 씻는 연장이었으리
십만 번쯤 그 사람을 생각한다면 내 수명은
다했다고 말할 수 있을까
끊어질 듯 이어지는 유일한 징표 아닌가

## 상자들

슬프면 왜 미치도록 집중할 게 있어야 할까요
저마다 그렇게 쌓여 세상엔 수만 개의 상자가
열심히 굴러다니지요 상자를 네모지게 만든 건
꾹꾹 눌러 담을 수 있기 때문이지요
사람도 들어가야 하니까요 튀어나오지 않게
단단한 뚜껑이어야 하지요 다 아는 상자 이야기
지요
그 속에 문서가 가득한 사람도 있겠지요
찢어진 편지 조각의 주인은 죽음의 상자 속에도
넣어가겠지요 그 상자는 다시 흙의 상자 속에도
들어가겠지요 그때쯤이겠지요 그 사람이 완전히
없어지기까지는

# 변검

쉬쉬하며 내려오던 비법, 중국의 변검을 불러들여
가장 고난도의 사랑이 주는 이 슬픔을 휙, 휙,
한 장면만 바꿔 보려 했어요

## 페루라는 이별

허구일지라도 사랑과 사랑을 연결하는 무수한 직선은
활주로 같다 그 옛날에도 나처럼 떠나야 할 사람
있었던가 떠난 사랑들은 페루에 무사히 당도했을까

## 뻐꾸기 달력

다른 새의 둥지에 제 새끼 키우는 것만 알고
있는 사람들이 먼저 왔지요 어떤 이는 숲에서
아주 없어져서는 안 될 울음을, 진동으로
떨기나무 꽃을 열게 하는 걸 듣지요 기다려라,
기다려라 사람만이 하는 말 아닐 테지요 뻐꾹,
뻐꾹, 숲의 아비는 울어댔고 조금 내색할게요
명금鳴禽에게 새끼를 키우게 하는 이유 알 것
같은가요 붉은빰멧새의 새끼는 칭얼대요
종달새도 그래요 그 소리들이 숲을 부를 때
뻐꾸기 새끼를 기른 건 그런 여진이지요
혼자 살지요 하여 날개 짓도 사랑도 낮아진
그러나 다시 태어나는 것은 늘 신선해요
이 숲에서 뻐꾸기 어미는 悲悲悲 울 수밖에
살아 있음은 무지러지게 울어야 할 응답이지요
뻐꾹, 뻐꾹, 여름이 갈 때까지 숲에 냄새를
뿌리는 건 다른 어미 품에서 빨리 깨어나
떨기나무 위로 오라는 간절한 부름 아닌가요

## 늑대

가끔씩 들려오는 이상한 기척, 내 속의
으르렁, 으르렁

## 삼십육계

이루지도 못했는데 편백나무 아래처럼 나는 산뜻하지 않아요 가을 그와 무슨 말이 산뜻하지 않았냐고 물으면 오리발도 붉어집니다 질깃질깃 물어보면 삼십육계를, 힘이 들 때 멀리 도망하여 몸을 보존함이 상책이라는 옛말, 그대가 가물거릴 때쯤 세상이 누런 떡잎 같을 때쯤 알았지요 때로는 달아나는 것이 상책이라는 말, 어디 쉬이 제 몸 버리는 게 낙엽뿐이겠어요

## 서한

진흙 종이에 갈대 잎으로 만든 펜을 꾹꾹 눌러 잊어버리면 안 될 말을 나는 쓰고 또 썼네 며칠 말려 딱딱하게 굳히면 오랜 시간 지나도 읽고 또 읽을 수가 있을 것이네 상자 속에 넣어 보낼 때는 누가 꺼내볼까 뚜껑 위에 진흙 한 번 더 발랐네 동물을 새긴 도장도 눌러 찍었네 초승달 지역에 살았던 그 옛날 내가 보낸 서한을 간직하고 있을 것이네 사람들은 그때를 오래된 시대라 부르겠지만 이 생에서의 마지막도 나는 쐐기문자로 기록하네 오래 전 대홍수를 기록한 문자를 다시 보고 상자 위에 도장 찍힌 내 서한도 다시 보겠네 하루 종일 머뭇거리는 나를 아무도 알아차리지 못하지만 문자가 나를 평생 사로잡듯 절망의 서한들로 아직도 남아 있을 먼 그곳, 티그리스 강가로

# 첨서添書

종이를 잘게 자르면 더는 종이가 아니다
그의 이름을 잘게 분해해 허공에 후, 불면
모두가 허공, 그래서 그곳을 멍하니 바라보는
내가 많아졌다

# 1001번째의 섹스

불운은 필요한 물건, 내 앞에 앉은 침울이여

무수히 맞섰지만 그것만으로는 되질 않아요
집안에서부터 문밖까지 황홀한 꽃만 차 있으면
그건 없는 삶, 없는 물증이지요
부딪치는 일들이 오래 필 꽃을 능가하면
어떠했을까요 옳지 않은 건 꽃의 종류보다
다양해요 나도 주먹은 세요
그것만 가지고는 그 모든 걸 밀어트릴 수는 없어요
그러니 어느 순간 속 깊어 쓴, 운문이 그처럼 소용될 줄
몰랐어요 한결 잠잠해요
그러나 1,000번이 넘었을 때 날 어떻게
말리겠어요 1,001번째엔 섹스를 했다한들

1,001번의 작품은 1,000번쯤이나 나를 애쓰고
시들어가는 죽음이듯 나를 두렵게도 하였지요

1,001번째의 울음은 1,000번의 빰 위에
여러 눈물 덧댄, 그렇게 흘러온 속도인 걸
그러나 1,000번이 넘었을 때 세상이 날 어떻게
위로하겠어요 어디에도 없을 나의 젊은 애인아
너는 나의 부상副賞인가
아니면 아직도 남은 나의 부상負傷인가

## 월병산문

과일 나무의 꽃들은 눈물이 되거나 단단하게 맺혀 있거나 햇볕을 한 번 더 가린 반그늘 막에 첫 과일들을 잘게 썰어 말리리 가짓수가 많아질수록 해는 뜨거웠으리 8월 보름달 피기 전에 월병을 빚어내리 달에게 바친다지만 전해 줄 사람이 문밖에 서 있으리 서둘러 몇 자 써야 하리 말린 과일과 견과류 마지막엔 정원으로 내려가 탐스럽게 핀 장미마저, 둥근 나무틀에 숨 못 쉬게 눌러 담으리 숨 못 쉴 정도가 민심이었다는 말, 그걸 품어 준 사람, 누가 진심이었고 누가 지나간 것뿐인데 어쩌려고 이렇게 늦게 알게 되었나 시간은 오지만 돌아오지 못하는 사람도 있었으리 "8월 보름 봉기"라고 써서 월병 속에 넣어 보낼 순 없으리 당신과 내가 다시 명나라를 세울 수는 없지 않은가

## 부옝부옝

부옝, 부옝 울기도 했지 부억은 가장 먼저 일어나 불을 밝혔던 곳 누군가의 입을 평생 책임진다는 것은 무거운 형벌이었지 밥을 거쳐 간 사람들은 우여곡절이었지 여전히 남아서 빈약한 밥 한 그릇 지키지 막 눈뜬 금잔화와 마주보며 밥을 삼키면 어린 꽃을 잘 씹고 있다는 것도 느끼지 못했지 이젠 밥과 꽃이 봉분 같지 갇혀버렸다고 믿던 그곳에 여전히 남아 들락거림은 곳곳에 삭혀버리는 힘이 현현玄玄하여서지 당신을 위해 밥을 차리면서 경계도 없이 어젠 죽은 이를 위해 뜨거운 밥 차렸지 소리도 죽여가며 밥을 먹고 간 여자는 죽기 전 날까지 부억에서 밥을 짓느라 딸가닥거렸겠지 제상에 앉기 전 부억으로 먼저 가 여기저기 둘러보았겠지 그리곤 받아본 적 없는 기름진 독상으로 다가가 겨우 국 반 그릇쯤 비웠겠지 길고 긴 겨울밤에 뒷산에서 슬피 우는 새가 있었다면 부옝, 부옝 울었겠지 듣는 이들이 부옝, 부옝 울었다거나 부역, 부역 울었다고 우기곤 했겠지

# 아마도

방금 무슨 일이 일어난 것 같은 느낌이 들어요
달리는 차가 눈을 감고 고양이는 무엇을 찾는지
홍매화가 먼저 꼬리를 붉게 부풀립니다
새로운 것에 흥분하면 고양이는 좀 전의 차 소릴
듣질 못 한대요 그것을 관문關門이라고 하나요
어제 저녁엔 새순 터지는 소리에 귀 기울더니
이젠 길에서 죽어 간 제 몸을 그리워하고 있네요
지나간 차들이 치고 갔을 갈색 무늬 고양이를
잠시 망설이다가 나도 한쪽을 치었어요
죽은 고양이는 버려야 할 쓰레기 같은 것이라고
생각 했지요 푸, 심장이 문풍지 소리를 냅니다
내 옷자락이 차 밖으로 퉁겨졌나 봅니다
죽어 버린듯한 내 마음속에 다른 이의 마음도
들어와 있는 것처럼 느껴져요
입을 다물려 해도 닫지 않아 벌리고 사는
고양이를 처음 알았어요 그 입 속, 아름다움을
표현할 수 있는 힘을 당신은 갖고 있을테지요

## 산등심

산이 그의 본색을 쉽게 떠날 수 있다면 나는 어떠한가
가끔 올려다본 산과 다르다 내 안과 밖이 단조로웠다
그러다보니 바라보기 좋을 장소를 더듬는다 꽃등심처럼
즐겨 찾는 부위도 생긴다 산 전체에 대한 어떤 위치를
눈여겨본다 입을 약간 벌린 산으로 들어가는 어귀를
좋아했다 속내를 알 수 없이 푹푹 빠지는 산도 있다
그 꼭대기에 올라서는 이를 나는 겁내지 않는다
몇 번 가본 적 있지만 그곳에 가면 곧 거두어야 했다
산의 굽은 등에 층층나무, 거기에 흰 꽃들이 왈칵,

피어나듯 죽었다가 살고 다시 죽었다가 사는 육질들
멀리서 보면 기름 하나 하나의 줄기가 꽃 같은 산등심
산은 내 자신에게 가장 좋은 부위로 옮겨놓았다
층층나무 한 그루, 외등처럼 멀리 오래오래 있어라

## 박태기나무

나는 홀려서
분홍 밥풀 같은 작은 꽃을 밝히는 그 나무
홀려서 아버지를 생각했다 아버지를 위하여
남의 나무 밑동을 잡고 흔들었지만 버거웠고
비오는 날을 기다렸다 맥없이 보슬비 온다
사람 발걸음 그치기를 무료히 비를 맞으며
비나 맞으며 늦도록 서성거렸다
일부로 저쪽으로 가고 때로는 잊고 비는
말라 꽃들은 푸른 잎으로 바뀌었다
다음해 봄, 다시 홀려서 몇 번이나 밑동을
잡고 흔들었던가 그러는 동안 박태기나무는
커서 나도 그 마음을 버렸다 봄날, 흔하지 않은
그 나무들 이 도시에서 마주쳤을 때 나는
열네 살을 거쳤고 아버지는 나를 앞세워
가끔 꽃시장으로 갔다 몇 가지를 고르면 나는
돈이나 내고 그 몇 가지는 그대로 죽는다 무성한
포도송이, 주렁주렁 감도 열린다 감마다

이름을 붙여 우리는 햇볕에 달게 익어간다
그러나 아마, 아마도 박태기나무는 돈 주고
사지는 못할 것 같고 아버지, 다른 생에서
만난다면 나는 박태기나무 장사를 할 테니
딴 집으로 가지 말고 내게로 오세요
홀리듯이

## 살구나무 아래 비스듬히

강하江下에 누가 처음 살구나무를 내렸을까 만발한 살구꽃을 흠뻑 보고 간 이, 하던 일 멈추고 조용히 살구나무 그늘에 앉아 있었다 그의 몸이 한쪽으로 기울어져 있다면 삶의 한쪽만 봤기 때문이다 떠날 땐 남게 되는 이도 생각해야 한다 하찮은 것도 나를 위해 있다고 믿었다 대신 아파하는 한 그루, 세상 모든 나무는 그런 끈적임을 갖는다 미미했거나 지루했거나 하루를 지는 해처럼 여겼다 다시 뜨는 태양을 빛나게 하였기에 우리들을 밤과 낮으로 갈라놓을 수는 없었다 잠시 살구나무 그늘에 앉아 쉬었다 해도 행복해질 수는 없었다 당신이 원하는 무엇인가는 숨 속에 또는 발자국의 홈에 흘렸을 것 같다 그러나 나는 기다린다 무성한 살구나무 사이로 버스 정류장이 아직은, 아직은 있을 것이다 아주 드문드문 오는 버스지만 퇴촌退村으로도 가고 강상江上으로도 간다

| 산문 |

# 월러, 그 새벽녘에 도대체 무슨 일이 있었어?

허리띠

그녀의 가느다란 허리 둘러싼 띠
지금 내 가쁜 관자놀이에 매어 볼까
어느 왕인들 안 내어놓으랴
그의 왕관을 그의 팔이 이 허리띠가 한 일을
할 수 있다면 이때는 내 천국의 가장 바깥 천계,
내 기쁨, 내 슬픔, 내 희망, 내 사랑이
모두 이 동그라미 속에서 움직였었지
한 좁다란 세계! 그러나 거기 좋은 것은
모두 살고 있다 모든 아름다운 것도
내게 다만 이 띠가 두른 것만 준다면
태양아래 그 밖에 모든 건 다 가져가도 좋아.
(에드먼드 월러)

그를 접한 건 아주 오래전에 읽은 〈허리띠〉란 詩 때문이기도 하다. 나이 들어 쓴 詩는 아닐 것이다. 더군다나 추방당해서 쓴 시도 아닐 것이다. 대비가 아주 절묘한 시가 아닌가.

도대체 그는 누구인가? 자료를 뒤적이니 이미 413년 전에 태어난 사람, 더 뒤적이니 그의 약력은 달랑 한 페이지에 불과하다. 그 속에 그의 모든 삶이 농축돼 있었다. 하지만 나의 상상은 가뿐히 100 페이지를 채울 것도 같다. 테임즈 강가인가 혹은 마차소리 정적을 깨는, 그리고 귓가에 아직 남아 있는 바스락거림들, 온갖 행적들…. 1636년 즈음, 오월 어느 날의 도로시 시드니와의 가까워질 수 없는 사랑 때문에 뒤척이고 있었던 걸까. 나는 또 그걸 왜 유추하려는가.

그 당시 영시英詩에서 가장 흔한 주제는 지금도 그렇지만, 사랑이었다. 하지만 우리는 그런 류의 시를 조금, 아니 좀 많이 낮추고 있기는 하다. 연애시를 쓸 때 나는 가장 정직하게 붉어진다. 화들짝, 혹은 촉수들이 다 일어서는, 그게 운명의 편인지 창작의 편인지 사실 나도 가장 많이 헷갈리는 부분이긴 하다.

월러가 정치적 음모에 연루되어 체포되었을 때, 당시 뜻을 함께 했던 동료들은 혼자만 살고자 서로를 배신했다. 누구는 뇌물을 써서 죽음을 면하기도 했다. 그러나 그는 아무 짓도 하지 않았다. 그런 상황에서 아무것도 하지 않았다는 건 무얼 뜻하나. 결국은 오랜 세월 추방당했지만, 얼마나 완강한 저항인가. 그런데도 그의 시에는 흑암黑暗이 없다. 그의 시 곳곳에서 보이는 사랑의 완강함에 나 역시 왜 그토록 몰두해 있는지는 모르겠다. 아마도 그처럼 완강한 사람들에게 나도 깊이 연루되어 있는 듯, 여기에 실린 연애에 관한 나의 시들도 모두 그런 완강함에 끈실기게 매혹되어 씌어 진 것들이다.

이런 때도 있긴 했다. 한강으로 흘러내려가는 어느 하구에서 시린 겨울처럼 역시 잔뜩 시려서 멈춰선 적이 있었다. 100km를 더 흘러갈 강물에 의지해 그 위를 떠도는 안개들이 침묵의 입을 벌려 따뜻하게 한마디 해줄 때까지 기다려보기도 했다. 그러니까 어디쯤에서 안개들의 완강함을 이쪽에서 느끼거나 저쪽에서 느끼거나 하는 심사 같은 그것…. 이곳에서 떠나지는 못할 그런 것들이 있는 한, 드문드문 녹슬기 전에 마쳐야 할 감정들이 아직은 남아 있는 한, 쓰지 않고 배겨내지 못할 만큼

기다릴 것이다.

버텨내야 할 인생 또한 얼마나 대단한 것일지는 모르지만, 그럼에도 함께 하는 사랑에는 같이 해야 할 단어가 하나 더 있다. 밀접하고 가까운 것. 슬픔이다. 사랑과 슬픔은 항상 함께 버티면서 익숙해져야 하는 지렛대 같은 것이리라. 그럼 둘의 관계는? 껍질을 벗길수록 눈물이 스미는, 그래 그저 눈물이다.

체념하듯 그렇게 슬픔과 함께 하는 것만이 사랑의 완강함을 극복하는 길이 아닐까. 시인들은 그런 감정들을 징글맞게도 절절하게 묘사하지 않았던가. 이토록 넓은 세상에서 속절없이 공간을 뛰어넘는 그런 속에서도, 겹쳐지는 시가 단 한 편도 없지 않은가. 맞아, 그래서 시라고 부를 수 있다!

그러니까 월러를 유추한다는 건, 내 시를 읽고 누군가가 다시 나를 유추하게 만들려는 시도 같은 건지도 모르겠다. 가시 때문에 선뜻 들어설 수조차 없는 그러한 사람일지라도 빗대진 않겠다. 여기에 씌어 진 시들은 그런 나의 대책 없는 중얼거림에 관한 것들이다. 이 시들은 모두 나의 밑바닥에 깔린 흑암黑暗에 관한 것들이다.

이미 지나갔고 혹은 분명 덜 지나간 것들이 어디에서 멈출지 혹은 몇 백 년을 날아가 월러가 될지, 더 못가서 머뭇거릴지도 모르겠다. 모든 것을 견뎌내야 하는 것이 사랑이라면, 그토록 컴컴한 것들을 버텨내어 햇빛 아래로 펴 올릴 수 있는, 이렇게도 많은 능력을 내게 주었다니, 이렇게도 많은 이별을 감당할 수 있는 능력을 내게 주었다니, 신들이여.

간혹 시가 내게 냉혹해질 때가 있었다. 그가 간혹 내게 모멸스러우리만치 냉혹해질 때가 있었다. 아무 일에도 손댈 수 없게 무능하게 만들 때가 있긴 했다. 가장 비참해질 때다. 그럴 땐 내가 아는 한글 모두를 불러내어 글자놀이를 한다. 글자놀이, 내가 할 수 있는 유일한 놀이다. 기쁠 때나 슬플 때나 혼자 할 수 있다. 그러면 걱정 말라는 듯, 글자들이 부지런히 왔다 갔다 하며 서로들 소곤거린다. 스스로의 팔다리로 의미를 굴려간다. 문득 정신을 차리면, 말하지 않아도 내가 무슨 생각을 하고 있는지 이미 다 알고 있다는 듯, 무수한 글자들이 내 몸에서 깍지를 끼고 있다.

하지만 월러, 아직까지 말하지 않은 것이 하나 있기는 해. 그대와 나는 너무 간극이 없다는 거, 그대와 나는 너무 많은 사랑을 할 것 같다는 거, 그런데 테임즈 강가의 그 새벽녘에 도대체 무슨 일이 있었어?

2019년 9월 5일 초판 1쇄

지은이 | 안정옥
펴낸이 | 강현국
펴낸곳 | 도서출판 시와반시

등록 | 2011년 10월 21일 (제25100-2011-000034호)
주소 | 대구광역시 수성구 지산로 14길 8, 101-2408호
대표전화 | 053)654-0027
팩스 | 053)622-0377
E-mail | khguk92@hanmail.net

ISBN 978-89-8345-055-5 03800